37 Animal Heads Mandala in this book

THIS BOOK BELONGS TO

_____

_____

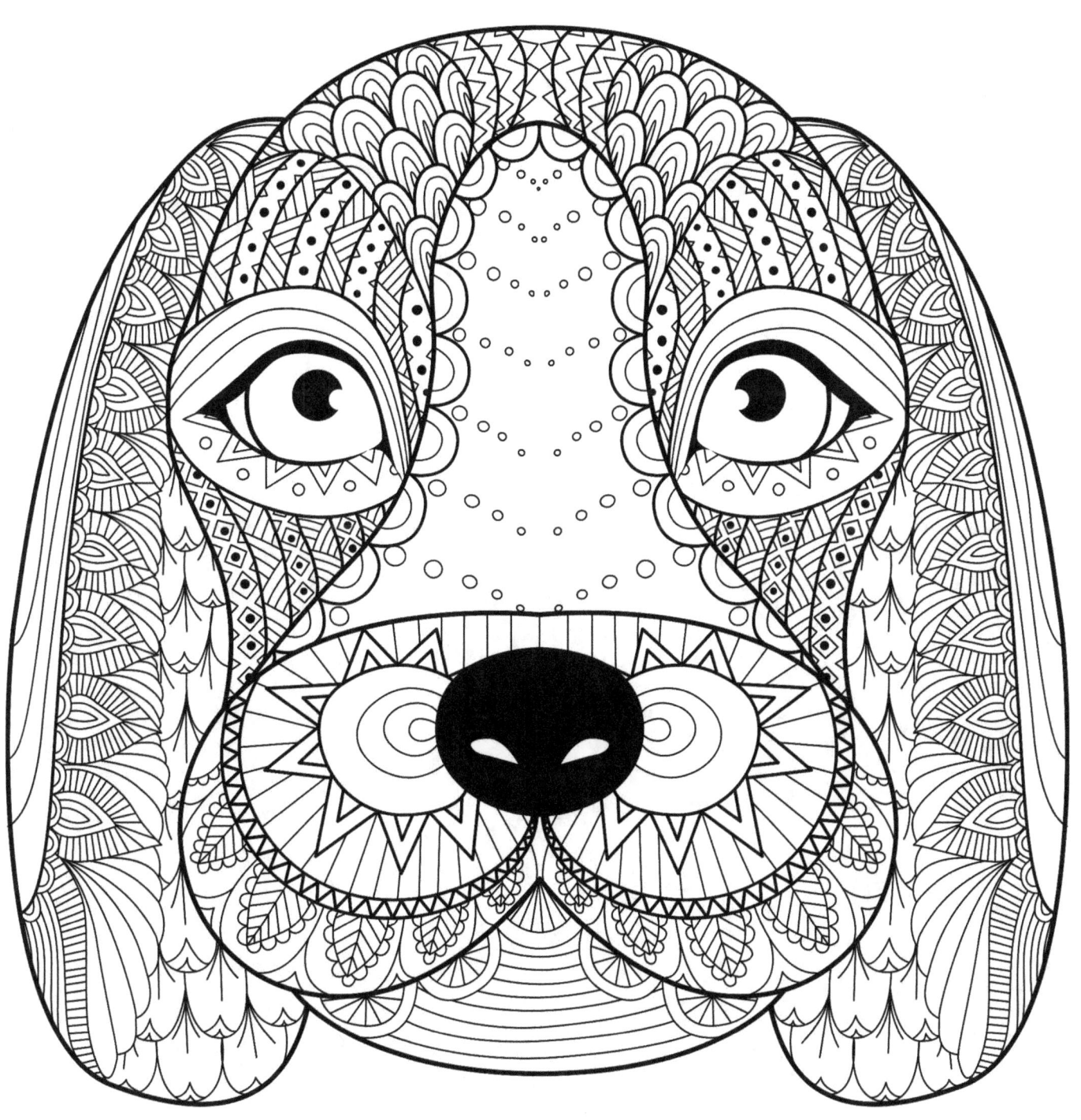

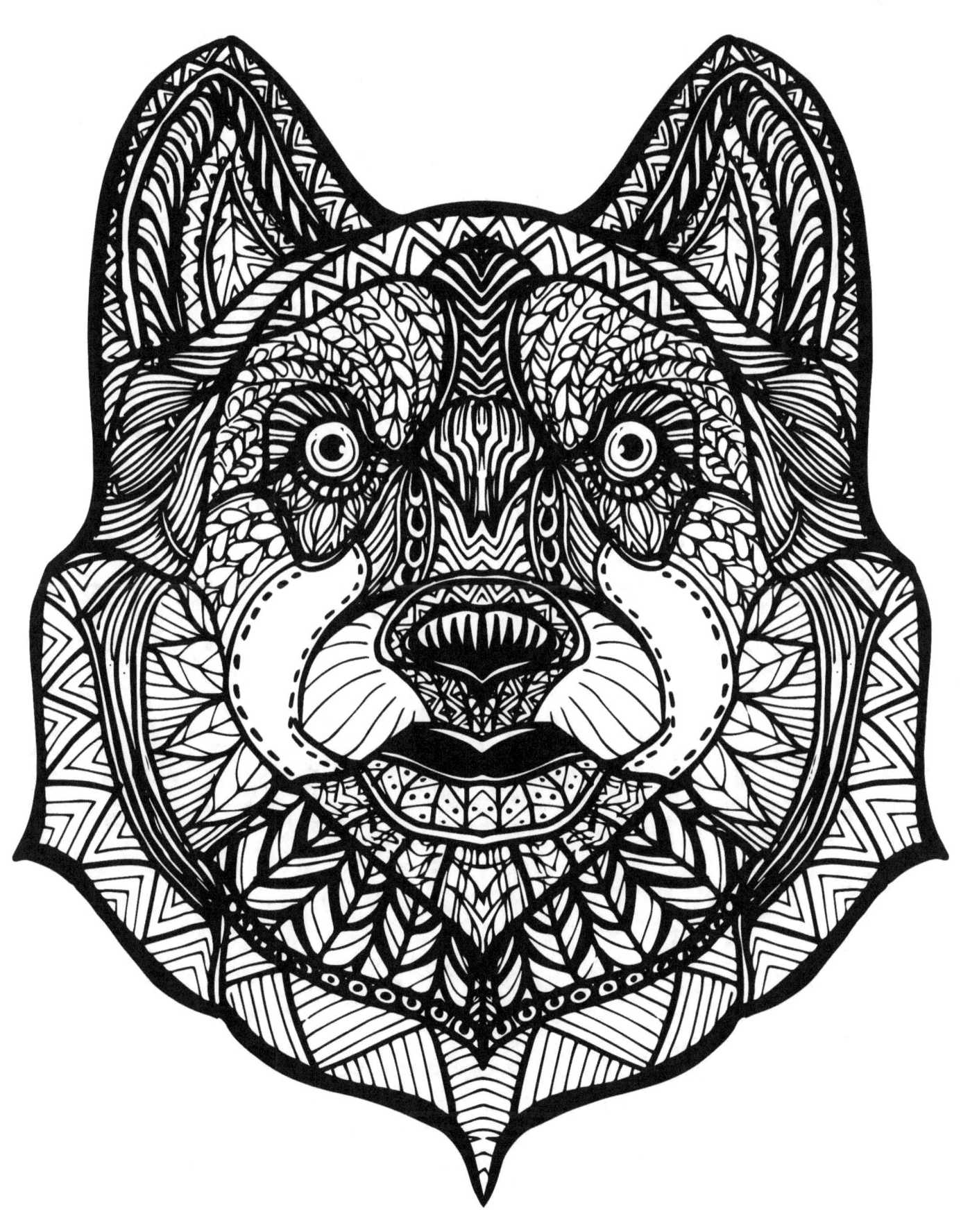

Example From Adult Coloring Book **Vol.1**

Animal Mandala Patterns

Example From Adult Coloring Book **Vol.2**

Animal Mandala Patterns

Example From Adult Coloring Book **Vol.3**

Animal Mandala Patterns

THANK YOU